LE CONTRE-AMIRAL LEBRET,

BARON D'IMBERT,

A SES JUGES,

SA CORRESPONDANCE

AVEC

L'INCARCÉRATEUR CASIMIR PERRIER.

Le Sénatus-consulte du 22 fructidor an 13 a été MAL APPLIQUÉ.
L'article 14 du titre 3 de la loi du 15 germinal an 6 a été VIOLÉ.
(Cour de cassation, arrêt du 20 novembre 1820.)

PARIS,

Au DÉPOT, chez CRÉMIÈRE fils, rue de la Parcheminerie, n° 11,
Et chez tous les Marchands de Nouveautés.

1821.

OUVRAGES DE L'AUTEUR.

1° *Des avantages* de l'établissement d'un nouveau comptoir européen au détroit de Malaca, pour faciliter la navigation en Chine. 1 vol. in-8. Londres, 1806. 7 fr. 50 c.

2° *Précis* historique sur les événemens de Toulon en 1793. Paris, 1814. Seconde édition 1816, troisième édition revue et augmentée, 1 vol. in 8. 3 fr.

3° *Quelques Mémoires* judiciaires. Paris, 1816.

4° *Aperçu* préliminaire sur la nature des réclamations de l'Auteur contre le gouvernement anglais et M. Cooke. Paris, 1817. 1 vol. 8. 2 f. 50 c.

5° *Petition* à la chambre des députés, sur un acte arbitraire ministériel, suivie de considérations administratives et politiques intéressant l'état, la fortune et l'honneur de tous les militaires français. 1 v. in 8. Paris, 1818. 4 fr.

6° *Addition* à la pétition présentée à la chambre des députés. Paris, 1818, in 8. 1 fr. 50 c.

7° *Lettre* de l'Auteur à M. le comte Beugnot. Paris, 1818. *Gratis.*

8° *Le baron d'Imbert* aux auteurs de la Biographie des Hommes vivans et du Censeur Européen. In 8. 1 fr. 25 c.

Sous presse.

De l'établissement d'une amirauté en France, ou Moyens de rendre à l'illustre corps de la marine tout l'éclat dont il a brillé. Dédié aux Chambres, avec cette épigraphe :

« Le trident de Neptume est le sceptre du monde. »

PREMIÈRE RESTAURATION DU TRÔNE.

Toulon, 24 *août* 1793, l'an premier du régne de LOUIS XVII; suivi du tableau historique des services de l'Auteur.

IMPRIMERIE DE MADAME JEUNEHOMME - CRÉMIÈRE,
RUE HAUTEFEUILLE, N° 20.

AVANT-PROPOS.

Inhabile à me livrer à des discussions judiciaires, j'éprouve néanmoins quelque confiance à élever la voix dans le sanctuaire de la justice, lorsque je me rappelle que, né gentilhomme, issu d'une famille qu'ont illustré de grands magistrats et de bons capitaines, cet avantage peut être aux yeux de mes juges un garant des sentimens d'honneur et de loyauté que m'ont transmis de tels ancêtres.

Quels sont donc les combinaisons qui ont pu réduire le sujet le plus dévoué à rendre le public confident de ses infortunes, à en rappeler les causes et à montrer le résultat du zèle le plus ardent, le plus inaltérable?

Ce n'est pas moi qui l'ai voulu; mais, disons-le, l'oubli des premiers moyens de rallier tous les partis en rendant, avec le même poids et la même mesure, justice à tous et à chacun.

Si déjà de nombreux écrits, mis sous les yeux des magistrats, ne leur avaient point appris qu'à Londres, à Gand, à Paris, un système habilement conçu, plus habilement exécuté, avait amassé sur ma tête tous les dangers, abreuvé mon ame de tous les dégoûts, cherché à porter tous les genres d'atteintes à ma réputation; si ces écrits ne les avaient point convaincus que la cupidité, la jalousie, l'esprit de parti se sont réunis pour m'accabler et ne plus me laisser jouir d'un seul jour de repos, je déroulerais ici l'effrayant tableau de ma pénible carrière militaire et politique, mais ils savent assez que la cause de tant de maux n'est autre chose que la haine qu'une fidélité à toute épreuve pour le sang de Henri IV, et la noble tentative de relever le trône de ses descendans à l'époque la plus désastreuse de notre révolution, ont inspirée à tous les adversaires de la puissance légitime.

Combien il est pénible à un vétéran, à un marin de venir rappeler une suite de services et de faits dont il n'a qu'à se glorifier. Mais lorsqu'on doit combattre les assertions mensongères d'une association d'hommes pervers et corrompus, lorsque le concours de tout ce que la malignité, le désœuvrement et la perfidie peuvent inventer vous accable et vous menace de vous écraser entièrement, alors on brave le ridicule qu'il y a de parler de soi-même avantageusement et le dégoût de peindre sous des couleurs qui leur conviennent des êtres dont on ne peut faire le portrait qu'en trempant son pinceau dans la sentine où se confondent tous les vices de l'espèce humaine.

Avant notre funeste révolution, je combattais aux Etats-Unis d'Amérique, depuis, je servis sous les ordres de l'illustre navigateur d'Entrecasteaux, lorsqu'il rendit le plus éminent service au commerce, en lui ouvrant, par la mer du Sud, de plus faciles communications avec la Chine. Il demanda, pour moi, avant le temps prescrit, par les ordonnances du roi, l'ordre royal et militaire de Saint-Louis, et un commandement dans l'armée navale. Ses pressantes sollicitations et son honorable témoignage qui me recommandait *aux grâces du roi*, me placèrent, dès 1792, à la tête d'une des escadres de la Méditerranée; je répondis à sa confiance.

Que faisaient alors mes incarcérateurs ? Que faisaient tous ces calomniateurs, que je n'ai pas provoqués, quand je luttais contre les élémens, et combattais contre les ennemis de la France ? Rendaient-ils à leur patrie d'éclatans services ? Non, par de ténébreuses manœuvres, et par l'influence d'une dégoûtante démagogie, ils cherchaient à s'emparer du pouvoir.

Ce fut en vertu de celui dont j'étais légalement investi, qu'en 1793, je mis sous la sauve-garde des alliés de mon roi, la ville de Toulon, je proclamai Louis XVII, et rétablis le pavillon blanc, sous lequel le commerce ne connut jamais d'interruption totale ; j'ai depuis, *à mes propres frais*, pourvu aux besoins de nombre de fidèles sujets de Sa Majesté.

J'ai fourni, ou fait fournir sur mon crédit, tout ce que j'ai pu pour relever le trône légitime.

Tant de zèle semblait devoir être suivi d'un tout autre succès, mais la main qui gouverne le monde ne voulut apparemment me payer de ma fidélité et de mes efforts, des immenses sacrifices que j'avais faits, des périls que j'avais courus, que par les dégoûts, l'exil, les cachots, l'abandon et la misère ! . . . . .

Privé de ma liberté, j'étais à la veille d'être fusillé, ainsi que l'avaient été les infortunés Dubuc, Rossolin et de Laa (1), mes agens, dans une mission qui tendait à ramener en France les petits-fils de Henri IV, quand Dieu prenant enfin pitié de la France, la rendit à ses maîtres légitimes.

Je dus croire que mes malheurs étaient finis ; mais non ! . . . . . . Eh ! qui peut, dans le torrent d'une révolution qui a bouleversé tous les principes, les mœurs, la religion. . . . . qui peut répondre de sa destinée ?

Dubuc, de Laa, Rossolin, votre souvenir réveille en moi des impressions trop vives pour que je puisse continuer ce récit ! Je me repose avec

---

(1) Moniteurs des 2 juin et 29 juillet 1805.

une entière confiance sur les lumières et l'équité qui caractérisent les magistrats chargés de me rendre justice au nom des princes que j'ai toujours servis, que je servirai jusqu'au dernier soupir, et dont la sagesse et la sagacité profonde ne peuvent avoir honoré de leur confiance particulière, dans les momens les plus difficiles, et pendant quatorze ans, l'*homme* qui jamais se serait écarté de la ligne de ses devoirs!

Non, non, l'homme à qui une voix auguste disait, dans des circonstances périlleuses, dans des jours de bonheur, dans des jours de confiance et de gloire, en le chargeant des plus grands intérêts: « *Allez, et servez la cause de tous vos* « *moyens.* » dans des jours où, s'élevant, comme par enchantement, au-dessus de lui-même, il bravait les foudres de la convention, et proclamait l'enfant royal à la face de l'Europe et en présence des phalanges de la convention étonnées de cette intrépide fidélité, ne peut jamais s'être écarté des principes d'honneur et de probité dont il a hérité de ses pères.

Ce n'est donc pas un vain desir d'occuper de moi le public qui me porte à reprendre la plume; j'ai tout perdu *fors l'honneur*, je dois défendre le seul bien qui me reste et qui m'est plus cher que la vie. Ma famille entière s'est éteinte en servant la cause du prince et de l'autel; deux neveux me restent, je n'ai que l'honneur, l'exemple de mon dévoûment, de ma fidélité à mes princes légitimes, à leur léguer : Je ne veux pas que les méchans, les calomniateurs leur enlèvent cet héritage qu'il n'est point à craindre de voir dégénérer dans leurs mains.

Magistrats, en accueillant ma requête, en me rendant à la liberté, vous ne ferez que concilier l'intérêt de mes légitimes créanciers et me préparer une justice qui, pour être tardive, n'en sera ni moins éclatante, ni moins proportionnée à l'étendue, comme à la réalité de mon zèle et de mon inaltérable dévoûment pour le service du roi.

LE CONTRE-AMIRAL LEBRET,

BARON D'IMBERT,

A SES JUGES.

MONSIEUR LE PRÉSIDENT, MESSIEURS,

Il est des circonstances où l'homme momentanément privé des garanties que lui donne la loi pour sa défense, et pour obtenir justice, est cependant sûr encore de trouver un appui dans les magistrats chargés de veiller à la régularisation des jugemens de première instance: c'est le cas où je me trouve.

Retenu pour dettes, à Sainte-Pélagie, par suite d'une infernale combinaison, et dans le moment où j'ai le plus besoin d'agir avec toutes mes facultés, bien plus encore pour l'intérêt de mes créanciers, que pour ce qui m'est personnel, je suis depuis deux ans l'objet d'une poursuite, dont la coïncidence avec tant d'autres persécutions, est vraiment déplorable.

Dans le froissement que j'éprouve, et dans la nécessité où l'on m'a mis d'entretenir pour la troisième fois la cour de mes malheurs, tout fait controuvé devient grave à mon sujet, et mieux que personne, Monsieur le président, vous pouvez apprécier combien il m'importe de ne laisser aucune obscurité sur les faits qui me concernent.

En effet, quand on taxe un débiteur d'inexactitude dans quelques parties de ses rapports d'intérêt, on est rigoureusement tenu de prouver cette inexactitude, soit par des témoignages irrécusables, soit par des titres légaux, et c'est ce qu'on n'a jamais fait à mon égard ; il y a plus, ceux mêmes qui avaient le plus à se plaindre de la véracité de mes assertions, n'ont jamais réclamé contre ce qui les concernait personnellement, quoique l'invitation leur en ait été faite plusieurs fois, et on les a constamment vu prendre pour auxiliaires, des individus étrangers, et ameuter des créanciers pour détourner les yeux de la justice du fond de l'affaire.

Je dois donc commencer par bien faire connaître la conduite et le caractère de mes incarcérateurs, et j'aurai déjà fait beaucoup pour ma cause.

C'est l'ex-conventionnel Delahaye, représenté par son compère Bernard, se disant ancien fournisseur de la marine ; c'est M. Casimir Perrier, prête-nom ou tiers porteur d'un effet souscrit à un étranger, pendant les cent jours, en Belgique.

Livré, en 1807, par la perfidie aux agens du tyran de l'Europe, privé de la liberté, sans secours, sans communications, je me vis forcé d'accepter les offres de services d'un homme, (l'ex-conventionnel Delahaye), qui se présenta à mes yeux sous les dehors si intéressans d'une victime de la cause sacrée, et de la sombre inquiétude de l'usurpateur.

Comment n'aurait-il pas captivé ma confiance ? Il me montra une lettre que j'avais écrite à une époque éloignée à un des principaux agens des princes français, dans la province de Bretagne ; M. le marquis Delahaye, dont il me dit être le parent : il fit plus, il m'assura avoir été employé par M. de Puysai, imposture qu'il a répétée au tribunal, tandis que le Moniteur du 26 germinal an 3 (15 avril 1795) lui donne le plus honteux démenti, et prouve, que loin de pouvoir se targner de ce titre honorable, il a été envoyé sur les côtes de l'ouest par le gouvernement révolutionnaire pour reconnaître l'identité du corps de ce même marquis Delahaye, et nous verrons que cette mission n'était pas le premier service qu'il avait été chargé de rendre au comité et aux commissaires de la convention.

Il faut croire que les comités de la régicide assemblée l'avaient chargé de toutes les investigations possibles; car le Moniteur du 9 avril 1793, nous apprend qu'il entretenait une correspondance à Seez, et que sur les avis qu'il reçut, il provoqua le décret d'accusation contre feu le duc d'Orléans.

Mais s'en étonnera-t-on, quand on saura que l'homme qui a osé se donner au tribunal pour un serviteur fidèle de la maison de Bourbon, vota deux fois contre Louis XVI en ces termes? (Moniteur du 18 janvier 1793).

Delahaye. « Mettre en question si Louis est coupable, c'est « mettre en question si nous le sommes. Je vois tracé sur tous « les murs de Paris, en caractères de sang, ces mots: *Louis est-il coupable?* Je vote, oui. »

(*Moniteur* du 20 Juin 1793.)

Delahaye. « Je...... Ce ne sont pas tant les ennemis *exté-« rieurs* que les tyrans du dedans que je crains; ces hommes « qui savent enchaîner l'opinion en répandant sur les patrio-« tes le venin de la plus affreuse calomnie; ces hommes qui « en 1789 étaient nobles, en 1790, prêtres, en 1791, aristo-« crates, qui en 1792 et 1793 se disent patriotes.

« *Louis est couvert du sang de nos frères......* »

Voilà ma partie adverse, voilà mon incarcérateur, voilà l'homme que Fouché plaça à mes côtés dans les bastilles de Napoléon!

Quel est donc la puissance des passions? Quel est donc la puissance de l'esprit de parti, si elle peut faire délirer un homme dont l'état et les relations sont généralement estimés au point de s'accoller à ce que la nature humaine a produit de plus atroce et de plus abject. J'imprime ici ma correspondance (*A*) avec mon incarcérateur Casimir Perrier, et le caractère moral de mes incarcérateurs connus, je vais, maintenant entrer, le plus succinctement possible, dans le récit matériel des faits de la cause que je porte aujourd'hui devant la Cour royale.

Je me suis plaint en police correctionnelle d'abus de blanc-seings, de la part de l'ex-conventionnel, et j'ai dit :

« Que cet adversaire avait été logé avec affectation à côté « de moi à la Force, avec *permission* de communiquer.

« Que m'ayant interrogé sur mes ressources, je lui parlai de « mes reprises sur le gouvernement anglais.

« Qu'il m'assura que par voie de lettre de change, il en « tirerait partie.

« Que je lui confiai en plusieurs coupons et remises confi- « dentielles, jusqu'à la concurrence de soixante-quatre mille « francs de blanc-seings remis en mes mains.

« Que les choses en étaient là, quand je fus fouillé, dé- « pouillé de mes papiers, et qu'après avoir passé trois jours « à la préfecture de police, je fus replacé près du sieur Dela- « haye qui fut bientôt mis en liberté pendant la nuit, et resta « à Paris aux ordres de Fouché, etc.

« Que le 23 mars 1816, je fus tout à coup arrêté dans mon « lit en vertu d'un jugement surpris au tribunal de commerce « sur une prétendue lettre de change de 2100 francs, laquelle « j'aurais acceptée sans en recevoir le montant.

« Que c'était manifestement une de mes acceptations en « blanc, dont on aurait abusé.

« Que le sieur Bernard, poursuivant, n'était que le prête- « nom de Delahaye.

Pour appuyer ma plainte, j'ai ajouté : « que le sieur De- « lahaye était convaincu, par ses lettres et par ses aveux, « de s'être entremis pour moi.

« Que trois pièces, jointes au procès, prouvaient qu'il

« avait reçu de confiance des acceptations et des signatures « en blanc.

« Que, par une lettre, en date du 12 octobre 1808, il m'an« nonçait qu'il venait de charger un de ses amis de négocier « un de mes effets, et qu'il en attendait réponse sous peu « de jours; ajoutant : *le bon Philippe* (mon valet de cham« bre) *vous dira qu'il a parlé lui-même à la personne char« gée de négocier vos effets, s'il est possible et qu'elle doit « me rendre réponse définitive dimanche.*»

Cependant le sieur Delahaye a osé soutenir, devant les tribunaux, qu'il n'avait jamais reçu aucun effet de ma part dans le cours de ma détention sous les verroux de Bonaparte.

Il a dit que je le calomniais en le signalant comme un agent de Fouché, près de ma personne; ma réplique a été l'exhibition d'une lettre où, lui, Delahaye, m'engage à servir les projets de ce ministre (*Moniteur du* 31 *août* 1816.)

Il a nié avoir été mon agent d'affaires, je lui ai répondu, par sa note du mois d'août 1815, et je l'ai forcé de convenir qu'il avait reçu de moi des cadeaux, la table, etc. (*Pièce remise en original au dossier.*)

Enfin j'ai ajouté beaucoup d'autres considérations qui me déterminent à regarder le sieur Delahaye comme un des principaux agens de la ligue qui s'est formée contre moi, de cette ligue, toujours agissante, qui ne doit son existence qu'à la haine du crédit dont j'ai joui, et à une position qui a blessé bien des amours propres; d'une ligue, je le répète, qui se compose des craintes et des efforts de plusieurs agens infidèles qui n'ont d'autre ressource pour éviter de faire droit à mes justes réclamations que de me lier les mains et de me fermer la bouche dès que je veux agir ou parler.

En effet, suivant la marche constante de l'ex-conventionnel Delahaye, sa lettre, publiée par le Moniteur du 31 août 1816, ne laisse aucun doute, je pense, sur la mission qu'il avait acceptée du ministre Fouché. On le voit me peindre l'avocat chargé de ma défense comme un homme qui avait abandonné ma cause, parce qu'il la trouvait désespérée; on le voit chercher à captiver ma confiance, et à s'emparer exclusivement du maniement de mes affaires; enfin, me demander des *plans*, des *idées* pour faire triompher un parti contre lequel j'avais toujours combattu et vouloir m'attacher au char de l'usurpateur qui occupait un trône, dont tous mes travaux avaient eu pour but de le précipiter.

On remarque, qu'aussitôt qu'il a obtenu de ma crédulité des renseignemens sur mes créances anglaises, je suis arrêté et traduit à la préfecture de police, dépouillé et reporté près de lui, qui bientôt me quitte pour continuer dans Paris son service *secret* et officieux.

On s'étonne que le sieur Delahaye, qui, de son propre aveu, n'a eu en patrimoine qu'environ deux mille écus, débute par prêter à un homme qu'il n'avait jamais vu, mille à onze cents fr., et surtout à moi qui, chaque jour, était menacé d'être fusillé. On ne concevrait pas cette facilité, si l'on ne devinait facilement qu'elle provenait de la certitude d'être bien remboursé de ses avances perfides et intéressées par la main puissante qui l'employait.

On prévoit que d'autres secours plus amples se seraient sans doute succédés si j'avais voulu fournir les *documens*, les *plans*, les *idées* auxquels il attachait tant de prix, et l'on apprend avec plaisir qu'ayant préféré retomber sur la paille, pour me servir des insultantes expressions du sieur Delahaye, à l'infamie dont il prétendait me rendre complice, je fus tout à coup éloigné de Paris; et qu'il ne resta plus au sieur Delahaye, après ses nombreuses tentatives, qu'à s'éloigner de moi, et à paraître m'avoir effacé de son souvenir dans la place que la reconnaissance du gouvernement lui avait confiée.

Après ces détails, il ne me reste qu'à mettre dans tout son jour, le motif secret de la conduite du sieur Delahaye et de l'acharnement qu'il a mis à s'assurer de ma personne.

Mais un préliminaire est indispensable ici.

Il est de notoriété publique que depuis près de quatorze années, je suis, comme je l'ai dit plus haut, devenu tout à coup l'objet d'une suite de guet à pens, d'assassinats prémédités déjà officiellement constatés, et dont le motif n'est plus un *secret*. Je remarquerai seulement que si quelquefois l'acharnement de mes ennemis, parut se ralentir ; ce fut toujours pour se manifester ensuite avec plus d'arbitraire, avec plus de violence. Néanmoins pour ne point entrer dans des détails trop amples, je me contenterai de rappeler à la cour qu'après un nombre de persécutions vraiment incroyables, déjà en 1815, à mon retour de Gand où j'avais suivi le roi, je fus attaqué inopinément en sortant de l'Opéra, par plusieurs individus que j'ai signalés à la justice et qui se sont soustraits à mes justes poursuites, après m'avoir porté trois coups de sabre dont deux me laissèrent sur le carreau.

On a vu, qu'à quelque temps de là, je fus tout à coup arrêté dans mon lit à la requête du prête-nom, de l'homme à qui j'avais confié des blancs-seings, et vous savez, Messieurs, qu'il eut à soutenir devant vous une action de laquelle il n'est sorti que par une erreur matérielle, dont j'ai eu l'honneur de mettre sous les yeux de la cour suprême la preuve légale et irrécusable.

Le guet à pens eut lieu au moment où je venais de rencontrer mon débiteur puissant, attaché au ministère anglais, et quand par suite de la décision de lord Castlereagh mes demandes avaient été renvoyées à un arbitrage français.

Par l'assassinat, toutes mes réclamations étaient terminées ; par les chances du procès, je pouvais être privé de ma liberté et mis hors d'état de faire valoir mes droits devant l'arbitre français.

Déjà on a vu le sicophante Delahaye, s'attacher à mes pas dès 1808 ; on le retrouve, en 1815, m'abordant avec tous les dehors de l'amitié, et quand il fabrique des titres contre moi, quel usage en fait-il ?

C'est, je ne saurais trop le répéter, lorsque je vais enfin régler mes grands intérêts avec l'Angleterre, qu'il tire de sa poche ces titres fabriqués pour les faire valoir, et au moment où un arbitrage doit tout terminer, il me cite au tribunal de commerce, obtient jugement, ne me donne aucune connaissance des dernières poursuites, et ce n'est qu'à l'instant même où je suis arrêté dans mon lit, que j'apprends qu'il existe des moyens de contrainte qui peuvent m'ôter la liberté.

J'ai donc eu raison de qualifier le sieur Delahaye, d'exécuteur des machinations de la ligue dont j'ai signalé, dans les nombreux écrits que la malignité, pour ne rien dire de plus, m'a forcé de publier, la violence et la perfidie.

Les juges mêmes ont manifesté cette opinion ; ils ont dit : « que la lettre écrite par Delahaye, à Lebret d'Imbert, a pu « induire Lebret d'Imbert, en erreur sur la nature des rapports « de Delahaye, avec le ministre de la police générale, Fouché.

Ils ont dit : « que dans le cours des débats, Delahaye et « Bernard se sont permis contre Lebret d'Imbert, des imputations graves, qui n'étaient pas la défense nécessaire à « la plainte par lui portée et auxquelles il a répondu d'une « manière satisfaisante. »

Telle a été l'opinion du *ministère public en appel;* il a dit, il a répété à plusieurs reprises : « qu'il n'y avait pas calomnie, « et que ma plainte était une simple dénonciation dont le « caractère cessait d'être odieux par la nécessité d'intenter « l'action devant les tribunaux. »

En effet, tout le monde sait qu'on n'agit point sans un intérêt quelconque. En méconnaissant la lettre de change de 2,100 francs, le motif de ce refus ne pouvait être que l'espoir de me décharger de la dette et de la contrainte par corps. Eh bien, j'avouai devoir au sieur Delahaye 2088 fr.

par obligation civile, représentans les 1,000 à 1,100 francs qu'il m'avait prêtés, en 1808, et les intérêts de cette somme jusqu'en 1814. Plus celle de 2,074 francs 25 cent., par lettre de change entraînant la prise de corps, et cet effet était échu, avant la contrainte et les poursuites de la prétendue *lettre de change* dont j'infirmais la validité, et qui n'a été fabriquée, il faut le dire, que pour servir d'anneau du grand chaînon de mes engagemens, montant à 64,000 francs d'acceptations ou blancs-seings remis au sieur Delahaye de confiance, et qu'il n'aurait pas manqué de faire revivre dans la conviction intime que mon impuissance de me libérer prolongerait nécessairement ma captivité jusqu'à la fin de ma trop longue et pénible carrière.

Telle a toujours été la marche de mes adversaires.

Deux fois ils m'exilent de l'Angleterre, quand je demande l'appuration d'un compte. Ils me font sentir leur influence jusques en Belgique, où j'avais suivi mon roi. Ils vont me calomnier dans le cabinet des ministres. Enfin, ils me privent de ma liberté en faisant tourner contre moi ma bonne foi et ma confiance, nées des malheurs occasionnés par cette longue suite de services, qui, je le dis dans l'amertume de mon ame, n'auraient pas dû se payer par l'ingratitude et l'oubli, et que néanmoins je ne regretterai jamais, puisqu'ils ont coopéré à relever le trône de mon roi.

Mais revenons : pour appuyer son jugement, le tribunal a surtout pris en considération la prétendue différence entre le filigramme du papier timbré de 1808 et celui de 1814.

Il s'est ici matériellement trompé, en prenant pour considérant de sa décision : « Que les papiers timbrés de 1808 et « ceux de 1814, n'avaient aucune identité. » Les juges ont « dit : L'acceptation mise par le baron d'Imbert, au bas de la « lettre de change, a été évidemment écrite sur un timbre « de 1814, et qui diffère, quant au papier et au filigramme, « du timbre de 1808. » Tandis que personne ne peut reconnaître si un papier a été créé en 1808 ou en 1814 et qu'il

est de notoriété publique qu'il n'a jamais existé de signe qui différentiât les deux papiers timbrés. Les employés, les ouvriers consultés, interrogés, ont répondu : « Que l'inégalité « de hauteur ou de grandeur dans les filigrammes, n'établit « point l'année de leur confection ; mais dépend uniquement « du plus ou du moins de promptitude qu'ils ont mis à sécher « dans les ateliers. » Différence dont s'est prévalu imprudemment le défenseur du sieur Delahaye qui, avec plus de maturité, de réflexion et de prudence, n'aurait pas mis en avant une assertion aussi hasardée.

Au surplus, M. le directeur de la direction du timbre a déclaré par écrit : « Que l'émission des papiers au filigramme « et au timbre à l'aigle a commencé le 1er janvier 1807, con- « formément à un décret du 17 avril précédent, et que le « 1er janvier 1815, *seulement*, on a commencé à débiter le pa- « pier frappé du timbre royal en exécution des ordonnances « du roi des 17 mai et 11 novembre 1814.

Signé, le Directeur du timbre. »

C'est pourtant avec des inductions aussi fausses qu'on a surpris la religion des tribunaux, et porte d'intègres magistrats à consommer la plus grande injustice, en faisant d'un fait controuvé la base de leur sentence.

Les juges de première instance ont donc fait une fausse application de la loi ; la cour d'appel a partagé cette erreur en confirmant le jugement. Tout ici est donc entaché du plus grand vice que le Code puisse reconnaître dans l'essence des décisions judiciaires.

Mais la cour suprême n'a point sanctionné cet arrêt ; elle n'a point prononcé sur le mérite des moyens de pourvoi, cet acte n'ayant pas eu lieu dans le délai voulu par l'usage, elle a cru seulement ne devoir pas s'en occuper. Avec moins de rigueur dans l'observation des formes, la cour aurait pu parvenir à la connaissance de la plus grave *erreur* qui puisse se présenter en justice, et dont la preuve authentique allait lui être offerte. (Certificat du directeur du timbre.)

Je soutiens donc, qu'en outre de l'erreur matérielle d'un fait dans lequel sont tombés les premiers magistrats, deux paragraphes du considérant du jugement démontre : d'une part, que je puis justement soupçonner le sieur Delahaye, et de l'autre, à quels vils moyens cet ex-conventionnel, et son compère Bernard ont eu besoin de recourir pour se défendre.

Mais il me reste encore une voie, celle d'en référer au conseil d'état, et de publier un mémoire qui fera pâlir mes *incarcérateurs.*

Là, on verra que par une suite de perfidies calculées on a retardé l'effet de la bienveillance d'un prince, ami de la vérité et de la justice, entravé la communication au conseil d'état du mémoire où j'expose mes doléances trop bien fondées contre cette suite de persécutions et de mesures, aussi inouies qu'illégales au moyen desquelles on voudrait encore me frustrer de la pleine et entière jouissance de mes droits; mesures si éloignées du caractère de l'équité de Sa Majesté, dont chaque minute est consacrée à donner plus de force aux lois, et à nous rappeler que fidèle aux antiques principes de la monarchie, sa haute sagesse a fait revivre dans la charte qu'elle nous a donnée que nul Français ne peut être privé de ses droits sans être soumis à l'examen de ses *juges naturels.*

Mais surtout ce qui caractérise l'intention du sieur Delahaye, de venir à point nommé m'entraver quand j'ai besoin de toute ma liberté, c'est la coïncidence de l'époque de ma seconde arrestation avec celle où la chambre des députés acceuillant ma petition, et posant le principe *que j'avais toujours droit de m'adresser au ministre de la marine*, venait à l'unanimité de lui renvoyer mes réclamations.

De la coïncidence, déjà constatée en justice par les aveux d'un homme condamné par la cour d'assises, et *détenu en ce moment à Bicêtre*, « qu'un nombre d'individus étaient par-« venus à s'introduire chez moi plusieurs fois pendant mon

« absence, qu'ils en avaient enlevé des papiers, et qu'enfin,
« la nuit du samedi au dimanche, 4 octobre 1818, ils pénétrèrent pendant la nuit dans mon appartement, s'emparèrent de mon argent, de ma montre, et d'autres objets, et
« qu'ils s'apprêtaient à consommer entièrement leur projet
« par la soustraction de mon porte-feuille, et d'une malle
« pleine de titres importans, lorsque mon réveil à temps
« utile les força de prendre la fuite. »

Ici tout se lie. Et quel doute peut-il rester à ce sujet, lorsqu'on apprendra que mon arrestation a eu lieu au moment même où le ministre de la marine venait de m'informer officiellement qu'il allait examiner mes réclamations avec une attention particulière, et que son altesse royale, *Monsieur*, comte d'Artois, toujours disposé à venir au secours des opprimés, avait daigné me faire écrire, par M. le comte de Puységur, qu'il aurait la bonté d'appuyer de sa haute protection, mes justes représentations, auprès du ministre.

Récapitulons : Oui, tout se lie, je le répète, je peux atteindre mon débiteur d'outre-mer, mon mortel ennemi que le hasard amène à Paris ; je suis assassiné.

J'obtiens de l'autorité compétente le renvoi de mes répétitions sur le gouvernement britannique à l'arbitrage d'un ministre français (M. le duc Decazes) : l'Anglais déserte l'arbitrage; aussitôt un dépositaire infidèle, le sieur Delahaye, me fait illégalement arrêter ; les tribunaux me rendent à la liberté, mais je suis forcé de soutenir un procès pour la conserver.

La chambre des députés fait droit à ma pétition, à l'instant je deviens l'objet d'une série de poursuites, d'attentats, qu'on ne peut plus qualifier tant ils sont criminels.

Certes, on avait tout épuisé contre moi à la barre des tribunaux ; mais du moins, mes mœurs, mon caractère militaire, ma fidélité, mon dévoûment avaient été respectés, et s'il eut été possible d'élever quelque soupçon sous ces rapports, croit-on que dans le violent débat ouvert entre moi et un homme qui avait été placé si long-temps à mes côtés dans les cachots de Bonaparte, il n'aurait point préféré m'adresser de sanglans et odieux reproches, à tout l'échaffaudage d'imposture dont il s'est entouré.

Ainsi donc, mes incarcérateurs, Bernard, Delahaye et Casimir Perrier (1), sacrifiant leurs propres intérêts, et compromettant ceux de tous mes créanciers pour servir le système des hommes auxquels ils prêtent leurs officieuses poursuites, et leurs soins vraiment extraordinaires, n'ont trouvé d'autre ressource que de me faire arrêter, de me priver de la liberté.

De me faire arrêter, le sieur Bernard, pour une dette contractée en 1808, dans les bastilles de Napoléon, renouvelée en principal et intérêt en 1814, et dont j'avais payé le principal, les intérêts jusqu'au 16 avril 1818, et 237 fr. 57 c. sur les frais liquidés au greffe à 332 f., *voyez* le tableau, pièce *B*.

Recommandé, à la requête de ce même Delahaye, pour un effet de 2,074 fr. 25 cent., et pour lequel il avait pris l'engagement formel, par l'organe de son avoué, de ne pas poursuivre.

A M BOUDARD, AVOUÉ.

Paris, le 23 mai 1817.

« Mon cher confrère,

« M. Bernard accepte l'arrangement proposé. . . . .

« Quant à l'autre billet, M. Delahaye m'a assuré qu'il

(1) Deux noms Perrier, s'étonnent de se trouver en regard sur les registres de Sainte-Pélagie. Casimir-Perrier l'incarcérateur et Amédée Perrier, son frère, l'incarcéré.

Salut et Fraternité.

« arrêterait les poursuites si on satisfaisait M. Bernard. Il ne « veut pourtant pas prendre d'engagement, parce qu'il « faudrait réveiller le chat qui dort. M. le baron d'Imbert « peut donc s'obliger sans danger, et ne pas redouter cet « autre billet, puisqu'en le poursuivant pour son paiement, « on empêcherait les paiemens de M. Bernard.

« *Signé* Lemaire. »

Recommandé enfin, à la requête des frères Perrier, pour le solde d'une lettre de change de 6,000 francs que j'avais tirée de Bruxelles sur ma belle-sœur, à l'effet de me procurer, ainsi qu'à ma famille, des moyens d'existence, lorsque je m'y rendis, le 20 mars, pour me rallier aux défenseurs du trône, aux fidèles sujets du roi. Ainsi, mes infortunes ont aussi leur noblesse, puisqu'elles prennent leur source dans mon dévoûment, et mon amour pour mes devoirs.

Ici, je le dis encore, tout se lie; emprisonné, je ne puis plus élever la voix dans les bureaux du ministère, ni faire fixer définitivement ma solde de retraite, dont les retards, qu'on apporte encore à m'en payer l'arriéré, blessent tous les principes et tous les droits. Je puis encore moins, poursuivre mes recouvremens sur le gouvernement anglais, et M. Cook. Sans traitement militaire, sans argent, sans liberté, méconnu, mes débiteurs peuvent dormir tranquilles. Tel pourtant devait être le succès des combinaisons du sieur Delahaye et consorts.

Veut-on des preuves plus simples et plus démonstratives qu'ils ne travaillent pas pour eux-mêmes, et qu'ils ne sont que des instrumens employés par une main étrangère? Qu'on daigne m'écouter.

Le bon sens indique qu'un créancier qui poursuit son obligé à outrance, n'a qu'un but, l'obtention du remboursement de sa créance. Agir d'une manière différente, c'est faire soupçonner une intention mystérieuse, se réserver les moyens de prolonger la persécution, c'est montrer un dessein malfaisant; se refuser à une explication, c'est faire connaître combien l'on craint que du choc de la discussion ne jaillissent les lumières de la vérité ?

Dès 1816, j'ai voulu me mettre en présence avec le sieur Delahaye ; je suis allé jusqu'à demander, à cet effet, l'intervention de M. le président du tribunal de commerce, et toujours le sieur Delahaye a évité ma rencontre et poussé en avant son compère Bernard. Un mot, peut-être, l'aurait amené à l'aveu si précieux, que la lettre de change de 2,100 francs, n'est que le remplissage d'une acceptation en blanc, et le sieur Delahaye a craint que dans l'effusion d'une explication privée ce mot ne lui échappa.

Et quand l'honneur de cet adversaire, si *chatouilleux* sur cet article, était compromis, quand j'avais déclaré en plein tribunal, au public que l'effet dont on exigeait le paiement, était un abus, le sieur Delahaye gardait un silence inconcevable ; et ce n'est que quand je l'ai traîné en police correctionnelle, quand j'ai portée plainte, ce n'est qu'après s'être laissé assigné au greffe du palais, lui qui avait un domicile à Paris, que ses instigateurs le contraignent enfin à rompre ce silence inoui, quand il faut qu'il réponde nécessairement à mes inculpations. Je le demande, est-ce là la marche que tient l'homme d'honneur blessé ? est-ce ainsi qu'on défend sa fortune ?

Revenons maintenant au sieur Bernard : le 16 avril 1818, je remets une dernière somme à M. Lemaire, et je conviens avec cet avoué, qu'il me sera fourni une note définitive de situation. Mais M. Bernard, sans m'en donner avis, reprend le dossier, et au mois de septembre suivant, au moment où l'on a vu que pendant la nuit des assassins s'étaient introduits dans mon domicile, il me fait signifier un commandement au greffe du palais, et chez un huissier où certainement il ne parviendra pas à prouver que j'avais élu domicile ; et quand je poursuis les auteurs ou les complices de cet assassinat, c'est au sortir de l'audience où je venais de culbuter l'échaffaudage mensonger, les assertions calomnieuses de ces lâches stipendiés que le 20 janvier 1819, qu'à la porte du Palais de justice, je suis arrêté.

Le 24 mars suivant, mon fondé de procuration, M. Mauvoisin, payeur de rentes, se rend en personne chez le sieur Bernard, lui fait offre réelle de liquider d'après son compte, quelqu'il soit, la créance dont il est porteur. Il répond, « que ses affaires l'appellent à la guerre, et que de plus « étant obligé de voir son huissier, il écrirait dans la journée : « l'heure à laquelle il pourrait venir le lendemain me mettre « en liberté. » Mais le jour suivant, dès six heures du matin, le sieur Delahaye, me fait recommander sur un jugement par *défaut* pour la lettre de change que son avoué s'était engagé, comme on l'a vu, à ne pas poursuivre ; et les frères Perrier, car je n'ai pas d'autre incarcérateur, le même jour que le sieur Delahaye se montre enfin à découvert, me font en même temps recommander sur un jugement également par *défaut* (1), pour une lettre de change de 6,000 f., sur laquelle somme, je ne devais plus à cette époque que 3,400 francs et quand je leur ai écrit à ce sujet, ils sont restés muets.

Alors j'écrivis aux banquiers de Bruxelles : il n'est pas inutile d'insérer ici quelques fragmens de cette correspondance ; elle jetera un grand jour sur l'affaire.

---

(1) Il est à remarquer que je mis également opposition à ces deux jugemens par défaut, et que par suite de la fatalité qui me poursuit, sur deux jugemens, dans la même espèce et à une heure de distance, il fut prononcé contradictoirement (Voir *les registres de Sainte-Pélagie.*) Est-ce là ce qu'on appelle servir les intérêts du commerce?

« Bruxelles, le 24 Octobre 1820.

« Monsieur le baron,

« Nous avons reçu la lettre dont vous nous avez honorés, « le 19, et la lettre....... quant au compte que vous desirez, « nous sommes contraints de vous prier de vous entendre « à cet égard avec M. Perrier, entre les mains desquels « tous les papiers se trouvent. Si vous trouvez de la répu- « gnance à vous adresser à ces Messieurs, leur huissier, « chargé de cette affaire, pourrait vous donner tous les « renseignemens possibles, nous ne nous souvenons pas de « son nom; mais il demeure rue Neuve-Saint-Eustache.

« Nous desirons bien vivement, Monsieur, que cette « affaire puisse se terminer bientôt, car, comme vous nous « le dites vous-même, cette *avance* a été faite dans « le seul desir de vous rendre service, et nous sommes « persuadés que le caractère honorable qui vous distingue, « ne vous permettra pas de nous laisser plus long-temps « dans l'attente de la rentrée de nos fonds.

« Nous vous prions, M. le baron, d'agréer nos remercî- « mens, etc.,

Signé, D. Danoot fils et compagnie.

RÉPONSE.

Messieurs,

« Je ne sais si je me suis bien expliqué dans la lettre que « j'ai eu l'honneur de vous écrire la semaine dernière; mais « votre réponse que l'on me remet à l'instant me fait croire « qu'il est nécessaire que je revienne avec quelques détails « sur l'objet de cette même lettre autant pour ce qui vous

« concerne personnellement que pour ce qui peut m'in-
« téresser.

« Je suis fâché que vous m'obligiez de vous faire observer, « Messieurs, que contre mon attente votre lettre ne répond « à aucun des points sur lesquels je vous demandais une ex- « plication. Vous me dites : quant au compte que vous de- « sirez, nous sommes contraints de vous prier de vous en- « tendre à cet égard avec MM. Perrier entre les mains « desquels tous les papiers se trouvent. Quels sont donc ces « papiers? est-ce le compte des avances que vous m'avez « faites ? au moment où je quittai Bruxelles vous m'aviez « promis de me l'adresser et vous avez vu par mes lettres à « MM. Perrier, que ces banquiers se refusent opiniâtre- « ment à me le fournir. Est-ce la lettre de change ? cet effet, « souscrit valeur en compte, ne vous a été remis qu'à l'en- « caissement. Certes, je ne vous ferai pas l'injure de penser « que vous n'en ayez reçu le montant sans au moins m'en « donner avis, et encore moins que vous ayez autorisé qu'on « me recommandât et me retînt en prison *pour une somme* « *dont vous auriez entre les mains la majeure partie.* C'était « donc à vous, Messieurs, que je devais adresser mes pre- « mières réclamations relativement à un procédé si extraor- « dinaire. Je suis encore dans cette persuasion et par consé- « quent, je vous renouvelle ma demande telle qu'elle est « conçue dans ma précédente lettre.

« Ce serait vous faire une insulte, Messieurs, que de sup- « poser que vous ne tenez pas des registres exacts des let- « tres de change qui vous sont confiées, et que vous n'exigez « pas des quittances en bonnne forme pour chaque avance « ou paiement que vous faites. Le cours ordinaire des affaires « suffit pour indiquer une règle précise à laquelle vous vous « conformez sans doute comme tous les banquiers : Or, la « demande que je vous ai adressée dans ma dernière lettre « est, je le répète, non seulement naturelle, mais encore « susceptible d'une solution prompte et facile.

« Un journal a publié : qu'après avoir parcouru l'état des « détenus pour dettes, *supposées commerciales*, on re- « marque avec étonnement, mais non sans plaisir, que « parmi les INCARCÉRATEURS, il se trouve à peine quel- « ques négocians connus, et pas une seule des grandes mai- « sons de commerce. Que diraient les différens journaux s'ils « publiaient qu'on s'est servi du nom des Danoot, pour faire « *incarcérer* un vieil officier général qui, par suite de longs, « utiles et particuliers rapports avec les principaux corres- « pondans de cette maison, s'était de confiance adressé à son « chef le 25 mars, pendant les cent jours, pour avoir quel- « ques fonds dont il avait besoin à l'effet de secourir les « fidèles sujets du roi, qui l'avaient accompagné en Bel- « gique ?

« Veuillez bien vous rappeler, Messieurs, qu'en vous « remettant une lettre de change sur ma belle-sœur, j'eus « l'honneur de vous prévenir qu'elle ne serait payée qu'au- « tant qu'on lui en ferait les fonds sur la vente du mobilier « que j'avais laissé à Paris : or, il est de notoriété publique, « vous avez lu dans mes écrits que ce mobilier a été spolié, et « il ne l'est pas moins que l'éloignement du propriétaire de la « maison m'a privé de tout recours à cet égard. Veuillez « vous rappeler encore que ce fut pour faire constater la « présentation de la lettre de change que nous convînmes de « la faire protester, et que dans tous les cas je devais vous « rembourser les fonds que vous m'avez fournis sur le recou- « vrement des avances que j'ai faites PAR ORDRE ou sur les « arriérés d'appointemens et traitemens militaires dont je « poursuis le paiement près le gouvernement anglais. Lord « Castlereagh a soumis mes réclamations à un arbitrage « français. Ce fait est notoire, et il ne l'est pas moins que « rien n'a encore été liquidé. Quels sont donc les motifs qui « ont pu déterminer les frères Perrier à me faire arrêter et « quel est celui qui, actuellement encore, porte ces ban-

« quiers incarcérateurs à se refuser de me fournir un compte « de clerc à maître, surtout quand le certificat, que vient de « me faire délivrer S. A. R. *Monsieur*, , ne peut plus laisser « aucun doute que mes liquidations n'aient lieu dans le plus « bref délai. »

« Vous sentirez, Messieurs, qu'il me serait aussi pénible, « qu'il vous sera facile d'apprécier à leur juste valeur cette « suite de procédés, et vous conviendrez sûrement avec moi « que plus le recouvrement des sommes qui me sont dues, « est susceptible de difficultés bureaucratiques, plus il importe « à mes créanciers que je jouisse paisiblement de ma liberté, « seul avantage qui puisse me mettre à même d'accélérer « mes recouvremens, et par suite, ma pleine et entière li- « bération.

« Il ne me reste plus, Messieurs, qu'à vous prier de con- « sidérer avec un peu d'attention, tout ce qui pourrait ré- « sulter de fâcheux d'une instance quelconque, qui donne- « rait de la publicité à cette affaire. Calculez encore la posi- « tion où nous nous trouverions également ; vous, étant ap- « pelé à faire connaître en vertu de quel droit vous avez « négocié et fait usage d'un effet qui vous a été remis à « l'encaissement; et moi, à donner les développemens qu'on « ne manquerait pas d'exiger, et je n'ai nul doute que vous « n'ayez la bonté de vous déterminer par toutes ces consi- « dérations à vous porter à un arrangement que la néces- « sité me force de réclamer de votre obligeance.

« Je suis, etc. »

Là, se borne ma correspondance avec M. Danoot. Leur silence, que j'aime encore à ne pas qualifier, m'a déterminé d'en faire transmettre, par un de mes amis, le duplicata à l'un des plus célèbres jurisconsultes de Bruxelles, ancien membre de l'assemblée législative, qui, pendant mon séjour en Belgique, après s'être bien pénétré de l'évidence de mes droits, s'était fait un plaisir de se charger de poursuivre le recouvrement de mes répétitions sur le gouvernement anglais.

Je l'ai prié de voir M. Danoot, ma correspondance à la main, et, si telle est l'influence étrangère acharnée à me persécuter, qu'ils persistent à se refuser à ce que leur commande l'honneur et l'équité, de les traduire immédiatement en justice pour les contraindre, sur l'exhibition de leurs livres, à déclarer de quel droit ils avaient osé se prévaloir du dépôt d'un effet confié à leur bonne foi.

Ce n'est point à Bruxelles que le commerce abuse impunément de cette loi si révolutionnaire, du 15 germinal an 6, et là les châtelets modernes, les tribunaux inférieurs, ne se sont point encore avisé de s'y ériger en législateurs, et encore moins de prononcer contradictoirement aux décisions des cours souveraines.

Il est temps enfin que les agens comptables apprennent qu'ils ne peuvent arbitrairement se créer des titres en abusant de la confiance de leurs commettans, et par cette coupable fraude surprendre la religion des juges, et porter atteinte à la bonne foi du commerce, qui fait sa principale force, et surtout à l'un des droits de l'homme le plus imprescriptible, la liberté individuelle.

Je me crois d'autant plus fondé à invoquer ici la bonne foi du commerce, que j'ai sacrifié les plus belles années de mon existence à défendre ses droits, à féconder les canaux de son industrie, de sa prospérité, à maintenir son indépendance.

Je m'arrête : mais qu'il me soit permis de terminer par une réflexion.

Des pairs de France, plus recommandables encore par leur mérite personnel que par le haut rang qu'ils occupent dans l'état, des législateurs, les plus grands publicistes, les aigles du barreau, les Delacroix-Frainville, les Berrier, les Collin, les Huet, etc., tout ce qu'il y a de plus respectable par l'étendue des connaissances et du talent, s'est élevé contre la contrainte par corps, ou plutôt contre la fausse application d'une loi qui, créé pour protéger le commerce, atteint rarement le commerçant, contre ces *décisions*, qui font, d'un duc et pair, d'un comte, d'un marquis, d'un archevêque, un négociant, et qui devient, par l'abus qu'on en fait, le fléau destructeur de l'ordre, de la fortune, de la paix et de la tranquillité des familles.

Au milieu de ce concours unanime de tous les sentimens nobles et généreux, dans ce procès intenté aux persécuteurs de l'innocence ou de la faiblesse, dans cette lutte contre l'usure, l'avidité et l'agiotage, contre le vol même, contre le caprice, la haine et la vengeance, qui pourrait se rendre compte des motifs qui ont pu déterminer le jugement cassé par l'arrêt de la cour suprême.

L'arrêt porte : « Que le rétablissement du calendrier « grégorien n'a fait que remettre en vigueur l'ancienne divi- « sion de l'année en douze mois inégaux ;

« Qu'on ne peut en faire résulter, ni expressément, ni im- « plicitement l'abrogation de la fixation des alimens, à raison « de 20 francs pour chaque période de 30 jours, telle qu'elle « aurait été fixée par la loi du 15 germinal an 6 ;

« Que cette fixation, par période de 30 jours, se concilie « même aisément avec le sénatus-consulte, qui établit le ca- « lendrier grégorien ;

« Qu'en effet, afin de ne pas laisser de lacune dans la « prestation des alimens, le créancier doit ajouter à la somme « de 20 francs, pour les mois de 31 jours, le contingent « supplémentaire, sauf à diminuer la consignation dans la « proportion, pour le mois de 28 jours ;

« Qu'en opérant ainsi la loi et la justice sont satisfaites ;

« Qu'autrement, lors du trente-unième jour de chacun des « mois qui sont composés de ce nombre de jours, les débi- « teurs incarcérés se trouveraient privés de la subsistance

« alimentaire que la loi réclame pour eux impérieusement.

« Qu'en décidant le contraire, la cour royale de Paris a « *faussement appliqué* le sénatus-consulte du 22 fructidor, « an 13, a FORMELLEMENT VIOLÉ l'article 14 du titre 3 de la « loi du 15 germinal an 6.

« La cour CASSE et ANNULLE, etc. »

La cour ne manquera pas d'observer que, dès l'an 11, la cour d'appel, sur les conclusions conformes de M. le président du tribunal de première instance, faisant alors les fonctions de commissaire du gouvernement, mit en liberté plusieurs retenus pour dettes. Or, l'arrêt rendu par la chambre de vacations de la cour royale de la Seine, en faveur de M. le duc de R***, n'est qu'une suite de l'application déjà faite et marquée au coin de la justice et de l'humanité.

Plusieurs cours royales des principales villes de commerce, tels entre autres celles de Toulouse, Rouen, etc., ont toujours jugé affirmativement en pareilles causes : ces cours ont constamment mis en liberté tout retenu pour dettes, pour manque d'aliment, en vertu de la loi du 15 germinal an 6.

Je me circonscrirai d'autant plus volontiers, dans ce succint détail, que le talent supérieur, et le noble caractère de mon zélé défenseur, m'engagent assez à me reposer entièrement sur lui du soin de développer les moyens de défense, et la discussion du point de droit.

Mais qu'il me soit permis, après avoir peint avec les couleurs d'une vérité trop pénible les abus de la contrainte et fait connaître le caractère de mes incarcérateurs, de signaler de nouveau à la justice de la cour, que la haine ou la vengeance, que la perfidie ou un aveugle intérêt ouvrent seuls les cachots de Sainte-Pélagie; que le négociant, digne de l'être, plaint son débiteur, ne l'avilit point et lui laisse le temps de s'acquitter. Enfin, dussé-je me répéter encore, quelle est donc cette fureur de confondre avec le commerçant et de soumettre à la loi protectrice qui garantit la sûreté des fonctionnaires publics, dont la tribune atteste encore le patriotisme et les lumières, des agriculteurs, des gens de loi, des hommes de lettres, des artistes qui ont inconsidérément souscrit des effets commerciaux sans en connaître le danger; enfin des militaires, des guerriers de tous les âges, de toutes les époques que la gloire couvre également, que la patrie comptera toujours avec orgueil parmi ses enfans et que des besoins qu'on aurait dû écarter loin d'eux ont forcés à se jeter dans les mains des juifs, des agioteurs, des usuriers et pour surcroit de malheur dans celles des soi-disans banquiers du jour.

Je terminerai par une réflexion bien amère : pourquoi faut-il qu'un homme d'honneur, qu'un militaire, qu'un marin descende dans l'arêne de la chicane et combatte corps à corps avec un membre de la convention, avec des incarcérateurs? c'est, je l'avoue, de tous mes maux celui qui me paraît le plus insupportable.

Je demande de m'ouvrir une voie pour terminer bien vite un débat dont je rougis et qui, en me faisant triompher dans une cause où les faits et le droit sont pour moi, me délivrera de la plus pénible obligation; celle de prononcer encore le nom de pareils adversaires.

Rendant grâce à la justice, un peu tardive, que j'obtiendrai enfin, m'enveloppant du souvenir honorable de ce que j'ai fait pour mon roi et mon pays, j'attendrai la récompense de l'emploi de la plus belle portion de ma vie pour le soutien du trône de mes maîtres légitimes, des dangers que j'ai courus, des services que j'ai rendus pendant quarante années, j'attendrai l'indemnité de mes sacrifices, de mes pertes immenses; et si mon espérance est vaine, la voix de ma conscience me consolera dans l'obscur réduit où je bénirai encore le jour qui, me privant de mes dernières ressources, m'a permis de suivre l'élan de mon cœur et de me montrer digne de mes ancêtres et du corps où j'avais acquis l'estime des chefs, des administrateurs les plus distingués et dont les témoignages authentiques devraient forcer au silence tous les détracteurs d'une conduite qui est la plus amère censure de celle qu'ils ont suivie.

Mais consentirai-je, au fond de ma prison, à recevoir les coups de la perversité sans élever la voix, sans accuser à mon tour mes incarcérateurs ?

Non, je n'attendrai pas, pour imprimer sur leur front, le sceau réservé aux calomniateurs, l'heure où tout finit, et il me reste encore assez de force pour défendre mon honneur attaqué, et pour apprendre à mes concitoyens, que l'adversité qui m'accable, est le fruit de l'intrigue, des machinations, et, répétons-le puisqu'il ne faut rien céler, de l'ingratitude.

Au milieu de cette mer d'infortunes, poursuivi en vertu d'engagemens contractés dans mes utiles missions, en Belgique pendant les cent jours, et en même temps, pour des créances fictives extorquées, pendant ma captivité dans les bastilles impériales, à ma crédulité et à ma bonne foi, voyant chaque jour ma liberté compromise, il ne me reste plus qu'un port où je puisse me refugier ; c'est le temple des lois, c'est l'asile que la justice offre à tous les citoyens, c'est le sanctuaire où la cour royale rend des arrêts qui ramènent les autres tribunaux, dans la ligne dont ils ont pu s'écarter.

Et vous ferez justice,

Signé, LEBRET, baron D'IMBERT.

Contre-amiral retiré.

PIÈCES.

(PIÈCE *A*.)

Sainte Pélagie, section de la dette, ce 11 octobre 1820.

MM. Perrier frères, banquiers, à Paris.

« Vous m'avez fait écrouer, Messieurs, pour une lettre « de change de 6,000 francs que j'avais remise pendant « les cent jours, à MM. Danoot et Denisy, banquiers à « Bruxelles.

« Cet effet n'ayant point été présenté à temps utile, devait « nécessairement être protesté, et dans tous les cas, j'avais « lieu de penser que des personnes de votre caractère, « avant de se porter à une pareille extrémité, daigneraient « faire savoir qu'elles étaient mes intentions relativement « à son remboursement.

« Cette lettre de change, que j'avais remise à l'en- « caissement, ne m'a jamais été escomptée, et je ne devais, « le 26 octobre 1816, que vous l'avez fait protester, à « MM. Danoot et Denisy, que la somme de trois mille « quatre cent vingt-deux francs cinquante centimes, et les « intérêts de cette somme de l'époque où, en avril, mai, « juin et juillet 1815, elle m'a été fournie par ces banquiers.

« Veuillez bien, Messieurs, transmettre ma lettre à « MM. Danoot et Denisy, m'en accuser la réception « et me faire savoir par le porteur si les comptes de ces « banquiers se rapportent à cet exposé.

« J'ai l'honneur d'être, Messieurs, etc.

« *Signé*, le Baron D'IMBERT. »

Sainte Pélagie, section de la dette, ce 11 octobre 1820.

MM. Perrier frères, banquiers, à Paris.

« Il peut m'être permis d'ignorer, Messieurs, jusqu'à « quel point une domination tout à fait étrange a pu changer « les usages avec lesquels nous étions familiarisés pour « ainsi dire en naissant, et voilà pourquoi je ne puis revenir « de ma surprise de votre refus, de me fournir le compte « de clerc à maître, que je vous ai demandé par ma lettre « du 11 de ce mois. Je ne vous dissimule pas tout le prix « que j'attache à pouvoir en connaître par vous-mêmes le « motif.

« Je sais bien que rien ne doit étonner de la part de « frères, qui, depuis près de cinq ans, et pour une somme « insignifiante, laissent languir dans une obscure prison, « celui que la nature leur a donné pour ami. Je n'ignore « pas davantage qu'il serait au-dessous de moi, de répondre « à toutes les sottises que vous vous êtes permis de vociférer « à mon secrétaire. Me connaissez-vous MM. Perrier? « m'avez-vous jamais rencontré dans quelque société? « m'avez-vous jamais remarqué dans ces réunions si extraor-« dinaires où vous vous faites gloire de postuler avec tant « d'assiduité la faveur de ces hommes sur qui tout Paris « a eu si long-temps les yeux fixés, autant par la singularité « de leur réputation que par leur grande et subite élévation? « MM. Perrier, sachez que mes malheurs proviennent de « la perfidie la plus lâche, de l'ingratitude la plus inouie, « et que les calomnies les plus audacieuses, m'en ont fait « des titres de gloire. Ah! si en voulant m'accabler, mes « ennemis, n'insultaient pas à la fidélité et au courage des « braves, j'insérerais leurs noms dans le livre de ma mé-

« moire au rang des morts, et je pardonnerais à leurs « mânes.

« Je terminerai par une demande : lorsqu'on est sommé « de produire un compte et qu'on se tait, quel espèce « d'aveu fait-on, et que se déclare-t-on par ce silence « même? Vous avez, Messieurs, je n'en doute point, le « dictionnaire de l'académie, ouvrez-le à la lettre F et « cherchez-y la définition du mot que vous pouvez vous « appliquer en vous rendant justice à vous-mêmes.

(PIÈCE *B.*)

COMPTE courant et d'intérêts de M. le baron d'IM

	DOIT.	
	F.	C.
PRINCIPAL.	2100	
INTÉRÊTS du 2 novembre 1814, à 6 p. $_0/^0$, 1261 jours.	441	35
	2541	35

BALANCE.

DOIT. . . . . 2541 F. 35 C.
AVOIR. 2778 92

DIFFÉRENCE. . 237 F. 57 C., due à M. le baron d'IMBERT, à l'époque du 16 avril 1818.

Les dépens liquidés, s'élèvent, d'après les registres du par corps.

Au moment de mon arrestation, je me pourvus en référé, je lui exhibai les quittances des paiemens, ci-relatés : à quoi je devais assigner les parties à l'audience. Ainsi, je fus

BERT, *fixé au* 16 *avril* 1818, avec le sieur BERNARD.

AVOIR.

	F.	C.
1er Paiement, suivant quittance, le 23 février 1817. . .	700	»
Intérêts du 23 février 1817, à 6 pour $_0/^0$, 417 jours.. .	48	65
2e Paiement, suivant quittance, le 15 mai.	250	»
Intérêts du 15 mai, 336 jours..	14	»
3e Paiement, suivant quittance, le 15 juin	150	»
Intérêts du 15 juin, 305 jours.	7	62
4e Paiement, suivant quittance, le 1er juillet.	250	»
Intérêts du 1er juillet, 289 jours.	12	4
5e Paiement, suivant quittance, le 10 août.	110	»
Intérêts du 10 août, 249 jours..	4	56
6e Paiement, suivant quittance, le 10 septembre. . . .	110	»
Intérêts du 10 septembre, 218 jours..	3	99
7e Paiement, suivant quittance, le 10 octobre.	110	»
Intérêts du 10 octobre, 188 jours..	3	44
8e Paiement, suivant quittance, le 10 novembre. . . .	110	»
Intérêts du 10 novembre, 157 jours..	2	87
9e Paiement, suivant quittance, le 12 décembre. . . .	110	»
Intérêts du 12 décembre, 125 jours.	2	29
10e Paiement, suivant quittance, le 24 décembre . . .	240	50
Intérêts du 24 décembre, 118 jours..	4	52
11e Paiement, suivant quittance, le 5 janvier 1818. . .	150	»
Intérêts du 5 janvier, 101 jours..	2	52
12e Paiement, suivant quittance, le 24 février.	160	»
Intérêts du 24 février, 51 jours..	1	36
13e Paiement, suivant quittance, le 16 mars.	110	»
Intérêts du 16 mars, 31 jours..	»	56
14e Paiement, suivant quittance, le 16 avril 1818. . .	110	»
	2778	92

greffe, à 332 francs; ils ne donnent pas droit de contraindre

devant M. le président du tribunal de première instance: il répondit qu'il ne pouvait pas faire un compte, et que conduit à Sainte-Pélagie, à la requête de mon DÉBITEUR.

www.ingramcontent.com/pod-product-compliance
Lightning Source LLC
LaVergne TN
LVHW020255230826
846091LV00006B/2429

* 9 7 8 2 0 1 1 7 8 2 2 5 0 *